LETRES A MAMAN ET PAPA ET MAMI ET PAPI

LETRES A MAMAN ET PAPA ET MAMI ET PAPI

LE PREMIÉ LIVR D'ENFANT POUR LES ADULTES

CHER MAMAN, PAPA, MAMI, PAPI

Nous nous sommes bien amusés la semaine dernière chez Mami et Papi. Mais nous n'avons pas compris pourquoi vous n'étiez pas contents pendant les deux derniers jours. D'un coup, on a eu l'impression que vous boudiez. Sans raison.

Quand vous vous fâchez à table, c'est compliqué de comprendre tous les mots, et un peu contrariant car vous parlez de nous. C'est bizarre non de parler de nous sans nous parler ? Je croyais que c'était malpoli... .

Comme on n'est pas souvent tous ensemble et que l'on va bientôt rentrer à l'école, on a décidé de vous écrire ces lettres. Pour partager nos sentiments et quelques idées. Antonin dit que ce sont des histoires, parce qu'il a fait des dessins et qu'on y raconte certaines histoires de vacances. J'espère que vous les aimerez bien et même qu'elles vous amuseront, parce qu'avec Antonin on a bien ri en les faisant !

BONJOUR É OREVOIR

Jeudi dernier, vous vous êtes fâchés parce qu'Antonin ne dit jamais bonjour, ni merci. J'avoue aussi que je ne le fais pas toujours. Mais là c'était surtout Antonin. Papi disait à Maman que ça lui faisait honte, que ça n'était pas "admissible à cet âge-là". Je ne sais pas ce que ça veut dire, mais il était en colère. Moi, je ne sais pas à quel âge j'ai commencé à dire "bonjour", peut-être que j'avais toute seule décidé de le faire. Bien sûr, Papi s'était déjà mis en colère avec moi. Mais je ne crois pas que j'ai commencé à le faire pour qu'il ne le soit plus.

Je crois que j'ai commencé à dire bonjour parce que j'aime bien regarder Maman se promener au marché et dire bonjour à tout le monde. Les gens viennent lui parler avec un grand sourire. Ils me font des blagues, parfois me donnent une datte ou un bout de fromage. Une fois même, le boucher m'a donné un bout de saucisson, juste après le petit-déjeuner ! J'aimerais bien faire le marché comme ça avec Papi, même s'il préfère y aller tout seul (il dit que ça va plus vite). Peut-être qu'il pourrait aussi emmener Antonin. Il nous présenterait les marchands de légumes et de fruits, le fromager, le boucher et tous les gens qui sont gentils avec lui. Il serait d'accord pour nous emmener ? Et Antonin s'amuserait à dire bonjour comme lui. On pourrait faire des concours de "bonjour" le plus drôle, le plus joyeux, le plus foufou. Ce serait amusant.

Antonin est comme moi, il prend son temps. Il a aussi besoin que vous preniez votre temps. Même si à la fin il dit merci à 6 ou 7 ans. C'est peut-être très tard pour vous. Mais ça n'est jamais trop tard si ? Papa et Maman disent qu'il n'y a pas d'âge pour faire quelque chose. A l'école, Gaspard m'a raconté qu'il avait fait 15 kilométres en vélo. Il dit que normalement ce sont des enfants de 8 ans qui font ça. Il a 7 ans et demi. Mais moi j'ai déjà fait le tour du lac deux fois à 7 ans. Ca fait au moins 14 km... Après les deux tours du lac, j'était fatiguée, mais je pouvais aller plus loin. Bien plus loin encore que Gaspard en fait, car trois tours du lac ça fait bien plus que 15 kilomètres.

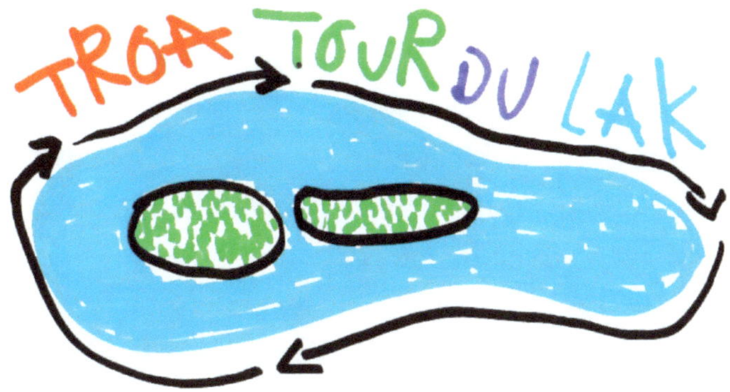

Ah oui, une dernière chose. Parfois quand je me couche le soir et que je dis bonne nuit (mais sans faire de bisous), vous me dites que je ne suis pas gentille. Est-ce qu'on est vraiment toujours obligé de faire des bisous ? Au moins je dis au revoir, je suis polie. Peut-être que j'ai passé une mauvaise journée ou que je suis de mauvaise humeur. Papa est comme ça parfois, il ne dit rien. Maman dit qu'il est d'une humeur "ex zé crable". Bref, vous savez que je vous aime bien, je n'ai pas besoin de faire des bisous tout le temps. Je suis grande maintenant.

LE TÉLÉFONE KI SONE È KI RÈPON

En ce moment, je me pose beaucoup de questions sur le corps : pourquoi on a des cheveux sur la tête, à quoi servent les sourcils, les ongles. J'aime bien quand on me répond directement. Parfois quand vous ne savez pas, vous demandez au téléphone, pour savoir tout de suite. Car le téléphone sait tout. Mami n'est pas du tout d'accord avec ça. Quand je lui pose une question, elle m'en pose d'autres. Mais moi j'aime bien regarder le téléphone, et puis c'est plus rapide. Alors quand je pose une question devant vous tous forcément, ça ne se passe pas toujours bien. Papa sort son téléphone mais Mami lui dit de le ranger ! Ensuite vous vous chamailliez pendant que j'attends la réponse. La dernière fois même, vous avez oublié de me répondre !

Ce que je préfère sur le téléphone, ce sont les vidéos. Les poissons, les planètes, les avions... parfois c'est vraiment spectaculaire. Quand on va au restaurant, et que l'on trouve le temps long, Papi nous montre des vidéos d'animaux. Au bout d'un moment, il finit par nous laisser le téléphone. Là c'est vraiment bien, car les vidéos se suivent, on peut en voir plein ! Alors on se tait pour en voir plus. Un jour Papa et Maman sont arrivés, on attendait encore nos plats, et on avait le téléphone dans les mains avec Antonin. En voyant la tête de Papa, j'ai senti que ça n'allait pas bien se passer. "C'est comme ça qu'on attend au restaurant, en se débarrassant des enfants ?". Je ne sais pas pourquoi vous dites ça d'ailleurs. On était encore là pourtant. Et puis on s'amusait bien. "Regarde ils sont contents", a répondu Papi. "Mais ça n'est pas la question" je crois que vous avez répondu. Comment ça, ça n'est pas la question ? Quand même un peu non ? Bref, vous avez continué à discuter comme ça. A la fin on a tous convenu que les vidéos devaient rester exceptionnelles. Mais qu'à table, surtout si on est tous ensemble, c'était mieux de se parler ou de jouer. C'est vrai que j'aime bien quand on fait les clowns avec Papi, ou quand il nous montre des tours de magie. Même si ça ne marche pas toujours. Comme ça, il m'apprend ceux que j'aime bien et je les montre à la récré. Et puis Antonin y croit tellement, ça me fait beaucoup rire.

Il y a un autre problème avec le téléphone : il sonne. C'est fait pour ça en fait. Mais quand Mami décroche au beau milieu d'une promenade, rien ne va plus. Papa la regarde bizarrement, comme si elle n'aurait pas dû répondre. C'est que Papi et Mami ont des amis, ils sont contents de discuter avec eux. Ils ont le droit, non ? Ils sont occupés comme vous, comme quand parfois vous avez des appels importants pour le travail, que vous vous enfermez dans une chambre. N'est-ce pas Maman, ça ne te rappelle rien ? Papa doit rattraper Antonin pour qu'il n'entre pas dans votre chambre. Il y a un temps pour tout tu dis. Pour profiter des moments ensemble, et pour travailler - ailleurs. Maintenant on est ici, on est ensemble. A cause du téléphone, Mami n'est plus là. Sans le téléphone, elle est là. C'est pour ça qu'on ne peut pas toujours répondre. Pour être là. Je comprends, comme quand Papa travaille dans le salon parfois avec son ordinateur et que je le ferme. Pour qu'il soit là. C'est la même chose, non ?

PARLÉ FOR OU DOUSEMEN

Une fois je n'ai pas compris pourquoi vous vous mettiez à parler fort. Ca a commencé avec Papa et puis à la fin tout le monde s'y est mis, exactement comme quand Antonin crie après moi. Avec Antonin le soir quand on est un peu fatigués, on préfère manger tranquillement. A l'école, on dit que c'est bien de respirer quand on sent la colère monter : pourquoi personne ne le fait ? Quand je vous le dis, bizarrement vous vous fâchez encore plus...je ne comprends pas pourquoi.

Ce que j'aime bien c'est quand je vais dans votre lit Papi et Mami le matin. Là je suis vraiment bien car vous me faites une place entre vous deux. Evidemment je ne reste pas longtemps seule. Quand Antonin arrive on partage les histoires, on prend notre temps. Tout est au ralenti, et vous parlez tout doucement. Parfois même Moustache vient sur le lit et ronronne. Ce serait bien si la journée se passait comme ça. En douceur. Même si je fais des bêtises et que vous n'êtes pas contents...ce serait tellement bien, au moins en vacances. Parce qu'en vacances, on on peut souffler.

KEN IL PLE

Je crois qu'un des moments que j'ai préféré pendant les vacances, c'est quand il pleuvait et qu'on a regardé La Belle et le Clochard. Antonin ne l'avait jamais vu. Il était tellement content. Juste avant le quatre heures, Mami a arrêté en disant que les 20 minutes étaient passées. Antonin était encore trop petit. Mais moi je ne trouve pas ça juste parce que je suis plus grande. Une fois chez Aglae, avant le dîner on a regardé un dessin animé pendant au moins une heure ! Après Papi a proposé qu'on prenne le quatre heure devant le dessin animé, c'était une excellente idée, et puis Antonin commençait à crier. Bref, on mangeait tranquillement tous les quatre nos craquottes quand Maman et Papa sont revenus. Et là c'est toujours la même chose, ils demandent depuis combien de temps on regarde. Ils ne nous font pas confiance. Quand Maman et Papa discutent avec la Maîtresse aux réunions de classe, elle explique qu'il faut me faire confiance. Mais là rien à faire, ils demandent quand même combien de temps on a regardé. Je ne sais pas moi...de toute façon c'était bientôt fini. A la fin du quatre heures, on a dû arrêter, parce que Papi avait dit qu'on arrêtait. Mais Maman n'était pas contente : il y avait sans doute mieux à faire que de passer l'après-midi devant des dessins animés...franchement je ne vois pas ce qu'il peut y avoir de mieux.

Alors, j'ai bien réfléchi avec Antonin. On a fait une liste :
— Lire des histoires dans les coussins
— Faire des legos toute seule (mais pas à côté d'Antonin, car il casse tout. Il doit jouer ailleurs)
— Préparer un gateau au chocolat, ou un gâteau à la carotte, ou des crêpes avec Papi ou maman
— Aller à la piscine
— Faire de la peinture
— Regarder avec Papi et Mami des vieilles photos, quand ils étaient petits
— Danser sous la pluie avec Maman
— Jouer aux dames (pendant la sieste d'Antonin)

Je pense aussi qu'on pourrait aller faire un tour de manège, car il est couvert. Maintenant, j'ai vraiment adoré La Belle et le Clochard. Mais il y a deux ou trois choses que je n'ai pas bien compris.

LÈ COLÈR DANTONIN

De temps en temps, Antonin pique de grandes colères, à la maison et même dans la rue. Il jète ses chaussures, s'assoit sur le trottoir par exemple et crie. Moi ça ne me dérange pas, j'ai l'habitude. Enfin c'est un peu embêtant de l'entendre crier. Quand ça dure trop longtemps ou qu'il le fait plusieurs fois dans la journée, Mami dit à Maman "tu ne lui fixe pas de limites. Ca va mal finir, fais-moi confiance". Après plus personne n'est de bonne humeur. Et Antonin crie toujours. J'ai bien réfléchi mais je ne comprends pas. C'est qui "ça" ? Antonin ou la crise ? Qu'est-ce que ça veut dire ? Peut-être qu'Antonin entend et que ça ne lui fait pas plaisir du tout. Lui aussi voit que vous vous chamailliez, vous pensez que ça lui donne envie d'arrêter de crier ?

On est peut-être différents avec Antonin. J'ai déjà entendu des gens le dire, ça doit bien être vrai. Mais est-ce que c'est une raison pour le traiter autrement ? Moi je ne me souviens pas d'avoir été trop fâchée quand j'étais petite, et pourtant je n'ai pas mal fini ! Et puis je ne pense pas que ça marche comme ça. A l'école, une fois qu'on a décidé des règles, chacun est responsable. Si quelqu'un trouve qu'il y a un problème avec un autre enfant, il le dit au conseil de classe au lieu de lui crier dessus. C'est bien parce que comme ça on peut tous en parler. Je sais qu'Antonin des fois ne veut pas parler, surtout quand il n'est pas content. S'il ne veut pas parler, je ne sais pas trop ce qu'on peut faire... peut-être qu'il a des idées sur la question. Il fera un dessin.

Quand j'étais petite je me souviens que je pouvais crier assez fort et faire de grosses colères aussi. Alors Papa me prenait parfois de force dans ses bras pour me porter. A l'époque il s'emportait facilement. Je ne me sentais pas bien du tout. Qui a envie de se faire traiter comme ça ? Après Papa a plutôt imaginé des jeux. Parfois ça marchait, parfois pas du tout. C'est bien quand on est en colère de se changer les idées. Bien sûr il faut à chaque fois en avoir des nouvelles, mais Papi en a plein. Il est un petit peu polisson, ça peut aussi servir je pense. Antonin aime bien quand il fait le polisson.

MÈ LIKE

J'aime bien quand on se promène et que papa prend plein de photos de moi. Après il les met sur Instagram et j'ai plein de likes. Au départ, ça surprenait un peu Papi et Mami, ils demandaient qui voyait ces photos, pourquoi on les postait. En regardant les commentaires, Papa disait que j'étais belle. La semaine dernière, au bord du lac, je m'amusais à prendre la pause avec mon chapeau rouge, c'était drôle. Sur le chemin de la maison un peu après, je demande combien de likes j'ai. Mami regarde Papi en haussant les sourcils, comme si quelque chose s'était passé. Puis elle les fronce en regardant Papa. "Tu me fais la leçon avec mon téléphone...mais regarde, ta fille n'a pas besoin de téléphone pour prendre de mauvaises habitudes". Là Papa range rapidement son téléphone (sans me répondre d'ailleurs, je ne sais toujours pas combien de likes j'ai eu sur cette photo...), en bredouillant quelques mots. "Ca va, on s'amuse...". Mauvaise réponse apparemment. "Et tu trouves ça drôle de penser aux likes d'inconnus en se promenant au bord du lac ? Moi je trouve ça triste". "Triste", là tu exagères un peu Mami, je m'amuse bien quand je fais la starlette. On a bien le droit de jouer quand même. Ensuite, c'est vrai que Papa ne devrait pas être toujours sur Insta comme ça. Maman lui dit parfois, mais au square, elle fait pareil...

Moi du moment où je peux faire mes spectacles, le reste n'est pas important. A la maison, Antonin aime bien me regarder faire (même si parfois il tire mes robes). J'aime bien aussi faire des petites vidéos drôles pour les montrer à mes copines, après on rit bien ensemble. Peut-être qu'on pourrait faire ça la prochaine fois : créer un spectacle qu'ensuite je pourrais montrer à l'école. Ce serait un projet marrant. Antonin serait mon valet ou mon cheval, je vais lui demander ce qu'il préfère.

MANGÈ

Ce que j'aime vraiment quand je vais chez Papi et Mami, c'est qu'on peut découvrir plein de choses à chaque repas. Des choses qu'on ne mange jamais à la maison : le nutella, l'orangina qui pique, les petits pains briochés le matin, et même parfois les smarties et les kit kat quand on est sage. Mais quand Papa et Maman arrivent, tout change. Quand je demande à Mami un petit pain au Nutella au petit-déjeuner, c'est la crise. Maman répète que "ça n'est ni naturel, ni sain". Mais s'il y a du chocolat, c'est naturel non ? Maman dit aussi qu'il y a de l'huile de palme, et qu'à l'autre bout du monde on coupe des forêts à cause du Nutella. Que tout ça c'est transformé (en quoi d'ailleurs), sans parler du petit pain de mie industriel. Mais c'est vraiment bon les petits pains au Nutella...Maman dit que c'est encore meilleur si c'est frais, qu'il faut juste "se donner un peu la peine". Quand elle entend ça, souvent Mami quitte la table... Tout ça pour un petit-pain, vous ne trouvez pas que c'est exagéré ? Nous on est content de manger ça, d'avoir nos petites habitudes. Ca n'arrive pas si souvent. A la maison c'est différent bien sûr...le pain avec la croute, c'est peut-être plus frais, mais ça n'est pas toujours facile à manger.

NUTELA
=
SUCR
UN PE
DE

Papi dit que "tout est une question de dosage". C'est vrai d'ailleurs, ça n'est pas parce que ça n'est pas bon, qu'on ne peut pas en prendre un tout petit peu. Et puis le reste du temps on peut préparer des gateaux ou des confiseries naturelles. J'aime bien quand Mami nous prépare des oranges confites au chocolat. Ce que je préfère, c'est de tremper les écorces dans le chocolat fondu, comme ça après on peut lécher le plat avec les mains, parce qu'il reste plein de chocolat. On pourrait aussi faire notre propre pain et inventer un pate de chocolat ! Même si Antonin et moi on sera un peu triste de ne plus manger de Nutella, au moins on sauvera des forêts !

Voilà, c'est terminé ! Je suis bien contente de vous avoir tout raconté, même si je ne suis pas arrivée à lire tous les dessins d'Antonin. Vous avez plus l'habitude que moi.

J'espère que vous garderez ces lettres longtemps (pas comme les anciens dessins d'Antonin que vous avez jeté n'est-ce pas !), et que cela vous fera de bons souvenirs.

Bisous bisous,

Esther et ANTONIN

ARC EN

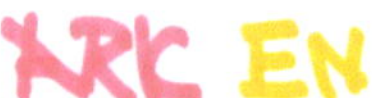

PS : Antonin insiste vraiment pour faire un grand dessin à la fin… alors j'ai eu une idée. Je me suis dit qu'on pouvait faire un dessin avec nos idées. Un peu comme la palette des émotions à la maison.

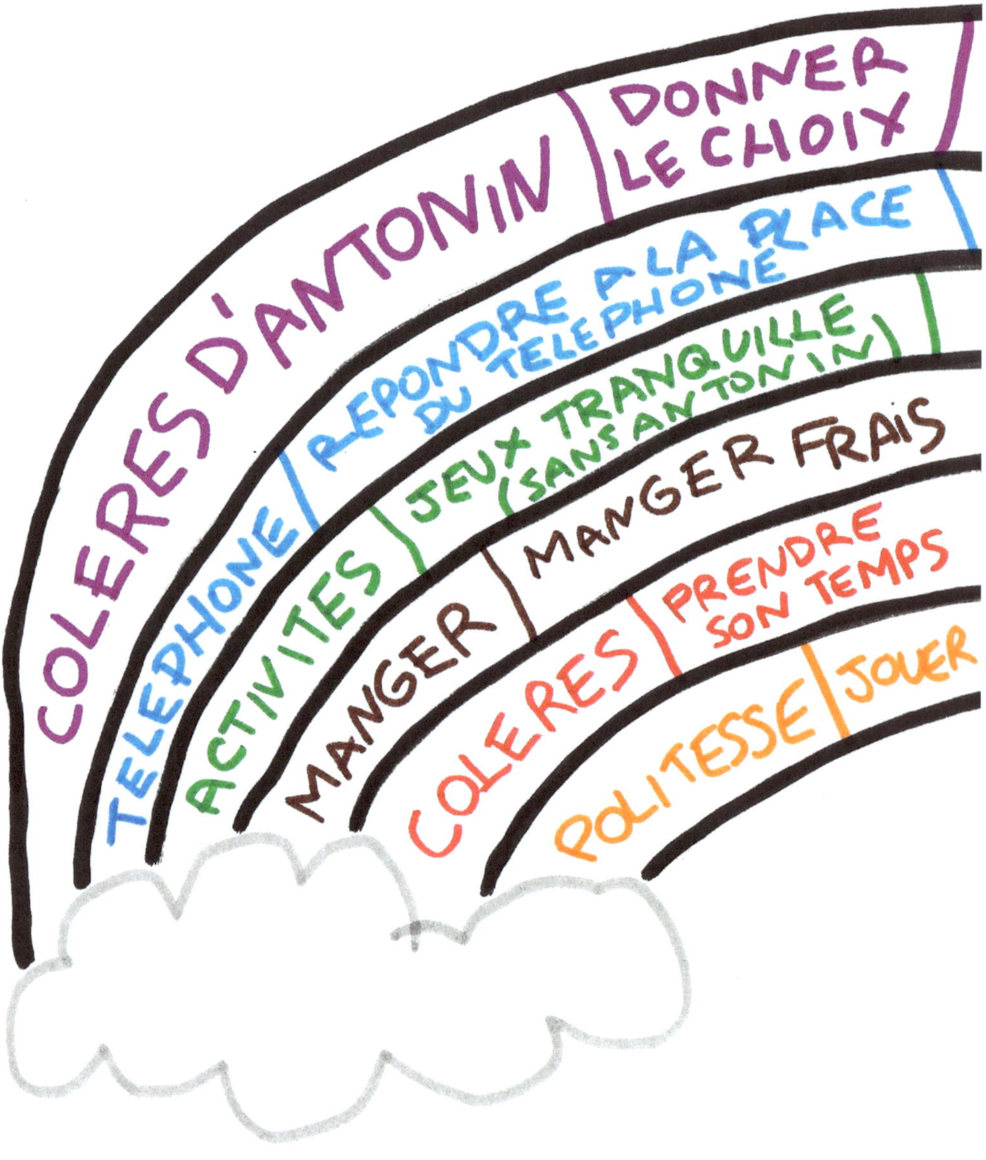

CIÈL DÈ IDÈ

Sauf qu'une palette, c'est aussi quelque chose en bois pour porter des marchandises. Arc-en-ciel est plus joli je trouve. Comme ça Antonin aura son dessin, et s'il ne dessine pas trop mal, ça pourra vous être utile.